Nat

LE SILENCE EST D'OR

Poèsie

En mémoire de mon Victor,
Chat silencieux
Qui ne savait pas miauler
Et qui continue à veiller sur moi…

SILENCE !

Le luxe du silence !

Un langage bien pensé,

Une pensée réfléchie,

Une réflexion fine,

De la finesse

Au milieu de tout ce silence.

LE SILENCE EST D'OR !

Le silence m'a rendu visite.

Tout doucement,

À petits pas,

Année après année,

il s'est insinué

Dans ma vie.

Le silence m'a rendu visite.

Dans mon esprit,

Dans mon cœur,

Et surtout dans mon âme,

Il est devenu mon compagnon

De tous les jours.

Le silence m'a rendu visite.

Il m'a redonné

Le respect de moi-même.

Le silence m'a rendu visite.

Il m'a rendu ma dignité.

Le silence m'a rendu visite.

Il m'a rappelé que j'existais.

QUEL CHAGRIN !

Quelquefois le chagrin est trop important.

Il nous étouffe, nous submerge,

Nous laissant seul et désemparé.

Alors, dans le silence de notre fauteuil,

Il déborde.

On appelle cela des larmes.

RUE DE LA CONCORDE

Je suis passée rue de la Concorde.

Dans cette rue se trouve une maison où il faisait bon vivre.

C'était la maison de ma grand-mère.

Je ne me la remémore qu'en plein été baignant dans le soleil.

La porte d'entrée avait son carreau toujours ouvert.

Il suffisait de passer la main pour ouvrir et de crier « c'est moi ! ».

La première pièce de la maison surnommée la pièce « par-devant » était une pièce qui servait en hiver à faire sécher les chemises des « cols blancs » d'Usinor.

En effet ma grand-mère et mon arrière-grand-mère étaient les blanchisseuses des ingénieurs et directeurs de l'usine.

Pour l'occasion, un feu digne de l'enfer de Dante y régnait plusieurs jours par semaine.

Ma grand-mère n'était pas peu fière de cette activité qui lui permettait de chauffer toute l'année sa maison (elle était payée en charbon !!!).

Cette pièce servait aussi les jours de ducasse, du lundi de Pâques et autres événements de pièce de réception.

Toute la famille et amis y ripaillaient joyeusement, profitant des talents culinaires de ma grand-mère.

Il m'arrivait très souvent d'entrer par l'allée qui séparait la maison des garages.

Elle donnait sur l'immense jardin et une véranda égayée par une clématite bleue.

Dès l'entrée dans la véranda, une odeur de compote de pommes, de confiture de fraises ou de tarte en train de cuire nous assaillait comme pour nous accueillir.

Étrangement quand je pense à la maison ce sont ces odeurs qui me reviennent.

J'ai oublié la couleur du papier peint, les meubles du salon dont je me remémore l'odeur de cire.

Oui ce sont les odeurs…

J'ai oublié presque tout le reste même le visage de ma grand-mère qui devient avec le temps de plus ou plus flou, comme édulcoré.

Seuls restent d'elle sa présence en cuisine, le tablier qui
ceignait sa taille, sa joie de vivre malgré les épreuves et
cette force immense qui en émanait…

À contrario, je me rappelle du jardin.

Mon grand-père, un béret vissé sur sa tête qu'il
n'enlevait que pour nous saluer, y régnait en maître.

Je le vois encore penché sur ses légumes alors que le
jour tombait, ma grand-mère, les poings sur les hanches,
qui lui criait de rentrer.

Derrière les garages se trouvait le petit domaine de ma
grand-mère, petit car le jardin se devait d'être productif
et nourrir toute la famille. C'était un petit coin de
pelouse charmant avec trois lilas et des lanternes du
Japon d'un orange flamboyant qu'elle cueillait à
foison…

J'y jouais des dimanches entiers avec de vieilles
couvertures qu'elle me prêtait et que j'accrochais aux
branches pour faire une tente. J'y inventais des aventures
sans fin avec mon jeune cousin. Nous y étions les
héros…

Bien souvent, je pense en silence à ce paradis perdu que
nous offraient mes grands-parents.

Avec qui puis-je me remémorer ces moments bénis ?
Je suis passée rue de la Concorde et, seule dans ma
voiture, en silence, j'ai pleuré !

UN GROS CÂLIN…

À cette petite fille que j'ai été, rieuse et heureuse de
vivre…

À cette petite fille, si sensible, qui pleurait déjà face à la
détresse animale…

À cette petite fille, toujours pressée de tout voir, tout
découvrir, qui courait et qui tombait…

À cette petite fille qui hurlait dans son sommeil…

À cette petite fille qui à force d'éducation, de critiques et
de…

est devenue si silencieuse…

et que j'ai retrouvé dans un coin de mon âme assise,

la tête entre les genoux…

À cette petite fille

Que j'ai prise par la main.

Que j'ai fait danser, rire, chanter…

Et à qui j'ai dit :

JE T'AIME !

CONSTATATION

Je suis une vieille femme
Qui s'ignore.
Je la laisse
À la porte de ma maison.

Je ne la laisse pas entrer !
J'ai encore le temps,
le temps pour créer,
le temps pour faire des projets,
le temps pour les réaliser,
le temps pour rire,
pour m'émouvoir,
pour vivre…

Je ne veux pas devenir une vieille femme aigrie

qui tout le jour se plaint,

qui sans cesse critique,

qui s'ennuie,

qui ressasse sa jeunesse passée.

Je suis une vieille femme

Qui s'ignore

Je ne veux pas la laisser

ENTRER !

TROP VIEUX,
AVEZ-VOUS DIT ?

Un jour,

on sera trop vieux

pour se rappeler de ceux qu'on a aimés.

On sera trop vieux

pour écrire des poèmes, pour peindre.

On sera trop vieux

pour pouvoir courir sur le sable pieds nus,

Trop vieux pour dormir à la belle étoile,

Trop vieux pour sortir dans la rue afin de défendre une

cause juste,

Trop vieux pour faire des conneries…

Alors là je dis stop !
Je serai peut-être trop vieille pour tout cela mais jamais
trop vieille pour me TAIRE !

APPRENTISSAGE

J'apprends en regardant le soleil se lever
Et j'écoute les oiseaux chanter.

J'apprends en respirant les roses du jardin
Et je profite de leur odeur au petit matin.

J'apprends à regarder le monde évoluer
Et je ne désire plus y participer.

J'apprends la patience
Et j'écoute désormais mon propre silence.

CHUT !!!

Écrire et peindre.

Peindre et écrire.

Dans la lumière du soleil levant

Mettre mon âme à nu

Dans le silence des mots

Qui hurlent,

Dans la mosaïque des couleurs

Qui éblouissent notre regard.

Peindre et écrire.

Écrire et peindre.

Chut !

PROFESSION

Dans mon métier, j'ai essayé d'être professeur de Vie.

J'ai essayé d'apprendre aux enfants qu'écouter l'autre était précieux pour celui qui s'exprime et très valorisant pour celui qui écoute, que la vie en communauté était la base de toute société qui se respecte.

J'ai essayé de leur montrer l'importance d'apprendre à aimer et à apprécier tout ce qui nous entoure, le vol d'un papillon, un oiseau qui se pose sur le rebord de la fenêtre…,

qu'il faut absolument s'aimer et se respecter pour pouvoir aimer et respecter l'autre.

J'ai essayé de les convaincre et de leur prouver que la vie est belle et mérite d'être vécue pleinement même si leur propre vie d'enfant est tellement difficile.

J'ai essayé, modestement, discrètement, silencieusement parfois juste en écoutant.

Année après année, j'ai essayé.

ABSENCE

L'absence est le son de ta voix

Dont la tonalité m'est devenue étrangère.

L'absence est ton visage

Que je ne vois plus qu'en photo.

L'absence est le souvenir du quotidien

Qui s'estompe de plus en plus.

L'absence est un geste tendre, une caresse

Dont j'ai oublié la douceur.

L'absence est cette phrase, ce mot de trop.

Qui ressurgit un soir de grande tristesse.

Ton absence est cette douleur
Qui jamais ne s'éteint.

VOUS N'ÊTES PAS SEULS

Dans ce monde, il doit bien y avoir des gens comme
moi,
des gens qui voient,
des gens qui perçoivent,
des gens qui reçoivent,
des gens qui entendent la voix des anges.
Il existe des gens
qui n'osent en parler,
qui ne comprennent pas pourquoi,
qui se sentent débordés de toutes ces informations, de
tous ces ressentis…
Laissez venir, ne vous inquiétez de rien.
Tout va bien.
Vous n'êtes pas seuls !

ESPÉRANCE

Jeune, j'ai toujours espéré d'autrui plus qu'il ne pouvait
me donner,
le respect,
des sentiments sincères,
une fidélité dans les convictions,
une vraie amitié,
une communication réelle.

Avec l'âge, j'ai dû faire du tri…
J'ai aussi compris que certaines personnes ne peuvent
rien apporter aux autres.
Ce n'est pas toujours de l'indifférence ou de ma
méchanceté envers autrui.

C'est juste qu'elles sont incapables du moindre amour,

de la moindre compassion, de la moindre écoute.

Elles ne sont capables que de s'occuper d'elles-mêmes.

Elles ne voient pas, n'entendent pas.

Elles ne sont pas malheureuses,

elles ont juste renoncé à VIVRE !

BONHEUR,
VOUS AVEZ DIT BONHEUR !

Quand j'atteins le but que je me suis fixée,
Je suis satisfaite.

Quand je m'achète une nouvelle robe,
Je suis bien contente.

Quand je mange du gâteau,
Je me fais plaisir.

Quand je redécore ma maison,
Je suis fière de moi.

Tout cela est bien bon et représente notre quotidien mais
pas le bonheur.

Le bonheur n'est pas aussi exigeant !

C'est un livre passionnant que l'on est en train de lire,

un rayon de soleil qui caresse notre joue un matin

d'hiver,

un chat qui ronronne lové sur nos genoux,

une visite inattendue qu'on n'espérait plus…

Le bonheur c'est juste ça.

Un instant fugace.

Saisissons-le !

DÉTOURNEMENT

Je me détourne

Quand je ne me sens plus aimée.

Je me détourne

Quand je me sens mal dans un endroit.

Je me détourne

Quand je ressens la haine autour de moi.

Je me détourne

Quand on me demande de justifier ce que je suis.

Je me détourne

Quand on exige de moi de devenir ce que je ne serai

jamais.

Je me détourne

Quand on essaie de changer mes convictions profondes.

Je me détourne, en silence,

Et je m'en vais.

LA SOLITUDE

Absence de gens autour de soi,
Absence de communications
Pas seulement.

Absence de but,
Absence de sens à la vie
Ne plus avoir envie ?

Envie de vivre,
Envie de rire ou de pleurer,
Envie de se faire entendre.

La solitude,
Ce n'est pas d'être seul,
C'est de se sentir seul !

CHAGRIN

Il ne faut pas laisser le chagrin envahir notre vie.

Le chagrin est un puits sans fond dans lequel on coule.

Souvent, on s'y noie.

Parfois, on parvient à remonter à la surface.

Ça prend du temps…

Alors, il faut s'accrocher aux belles choses qui nous

entourent,

Un coucher de soleil un soir d'été,

le sourire radieux d'un inconnu rencontré dans la rue,

une visite inattendue…

Il faut rire, beaucoup, souvent…

S'émerveiller, de tout, de rien…

Profiter de chaque moment comme si c'était le dernier…

Et, peut-être que notre chagrin s'atténuera !

FÊTE D'UNE MÈRE !

Il y a TOI,

Il y a MOI,

Il n'y a pas de NOUS !

Et puis, il y a ce vide immense

Qui afflige mon âme

Par ton absence.

Un jour, peut-être…

N'espérons rien…

Dieu en temps voulu s'en chargera !

FÊTE D'UNE MÈRE

Il y avait TOI,

Il y avait MOI,

Il y avait NOUS !

Il y avait toujours eu NOUS !

Ce NOUS qui me permettait d'avancer

Qui me permettait de vivre !

Ce NOUS, en réalité, n'existait pas…

Peut-être m'étais-je illusionnée ?

Alors, en silence, j'ai pleuré !

CE NOUS...

Ce nous

qui n'existe plus

et qui me manque tant.

Ce nous

qui s'est envolé vers le vert azur

et qui me laisse si désemparée.

Ce nous

qui me permettait d'avancer

et dont j'avais tant besoin.

Ce nous

qui me permettait encore d'y croire

et de pouvoir rêver.

Ce nous

qui n'était qu'une utopie

et en réalité une bien triste illusion.

L'HEURE DU THÉ

Passe à la maison,

Je te ferai un thé !

C'est ma phrase

Quand je vois quelqu'un mal.

Quand je veux converser.

Le thé, c'est ma potion magique…

Il réconforte les plus perdus,

Réchauffe le cœur et l'âme,

Accueille sans conditions,

Détend, éclaircit l'esprit

Et permet de s'ouvrir à l'autre.

Il nous apporte un petit coin de paradis.

Passe à la maison,

Je te ferai un thé !

PARDON

Je peux te pardonner,

Juste une fois, deux fois.

Après cela, tu seras seul.

Je n'essaierai plus de communiquer avec toi.

Je ne te répondrai pas.

Je ne m'emporterai pas.

J'utiliserai le silence.

Pour moi, tu n'auras plus vraiment d'importance.

Je t'effacerai peu à peu de ma mémoire.

J'apprendrai tout doucement à vivre avec ton absence.

Peut-être, un jour, comprendras-tu ?

CONTENTEMENT

Il faut être content de tout,

De rien,

Du soleil qui se lève à l'horizon,

Du rire cristallin d'un enfant,

Du parfum des roses du jardin.

Il faut s'émerveiller de tout,

De rien,

De la pluie qui inonde les vitres,

De l'enfant qui rentre enfin à la maison

De l'odeur des confitures de fraises.

Il faut cultiver le silence,

Aimer la solitude,

Marcher vers son avenir,

Se rappeler de tout ce et ceux qu'on aime

Afin d'arriver au crépuscule de sa vie sereinement.

NAISSANCE

Je ne suis pas née

pour obéir,

et pour être dirigée par une société en perdition.

Je suis née

pour réfléchir

et pour prendre mes propres décisions.

Je ne suis pas née

pour me laisser insulter

et pour être continuellement critiquée.

Je suis née

pour être respectée

et pour être considérée comme un être pensant.

Je ne suis pas née

pour rester enfermée

et pour me désespérer.

Je suis née pour courir dans le sable, les cheveux au vent

et pour m'émerveiller.

BEAUCOUP D'EFFORTS !

Cesse de t'efforcer de toujours aider les autres

Cesse de t'efforcer de les faire progresser.

Ce n'est pas ce qu'ils attendent de toi !

Si tu insistes trop,

ils vont s'énerver,

râler et crier, voire t'insulter.

Quand ils viennent quémander ton aide, c'est juste pour

que tu serves de réceptacle à leurs problèmes, pas pour

les résoudre ou les conseiller.

Que feraient-ils sans ces soucis ?

De quoi se plaindraient-ils ?

Comment pourraient-ils attirer ton attention ?

Contente-toi de les écouter en silence,

de dodeliner,

d'approuver et de te taire !

Ils ne demandent rien de plus !

Ils ne veulent rien de plus !

RÉALITÉ

Je ne cours plus

Je ne cours plus après

RIEN !

Ni personne, d'ailleurs.

À quoi bon !

En réalité j'ai toujours très peu couru

Et beaucoup râlé !

Maintenant en silence, assise

Je regarde les autres

Courir après autrui,

Courir après un silence,

Un regard,

Un geste tendre,

un compliment…

Je regarde…

Ah oui ! J'oubliais

Je cours après mes rêves

Je les saisis d'une main,

Je les caresse, je leur parle

Et j'essaie d'en faire

MA réalité !

MOI !

Je reste moi.

Avec les colères et mes rires,

Ma sincérité et ma simplicité.

Je dis toujours ce que je pense

Avec outrance, parfois.

Et bien souvent, mon franc-parler dérange.

Je suis ainsi faite.

Mes sentiments guident mes pas.

Je fais ce que je dis.

Mais bien souvent je fais sans dire,

Dans le silence…

Je ne triche pas, je ne mens pas.

Je ne me mens pas.

Je suis MOI !

TOUJOURS MOI !

Je me doute bien que me côtoyer n'est guère facile.

J'ai le verbe haut

Mais mes silences sont dévastateurs !

Je donne sans conditions

Mais j'attends d'autrui une fidélité sans faille.

Un rien suffit à me briser…

C'est pour cela que si la porte de ma maison est grande

ouverte, celle de mon cœur est bien difficile à trouver !

SORCIÈRE,
VOUS AVEZ DIT SORCIÈRE !

La femme sorcière a besoin de silence !

C'est dans le silence de son âme qu'elle retrouve sa

quiétude.

Elle a besoin de souffler, de respirer,

de se retrouver dans la Nature

afin de laisser son âme vagabonder

afin de laisser son âme se reposer.

Lire, écrire peindre…

Elle a besoin de rêver, de créer, de laisser aller son

imagination.

Elle a besoin de courir derrière les feuilles en automne.

Elle a besoin de marcher pieds nus dans le sable.

Elle a besoin d'avancer le nez au vent,

de caresser ses chats.

Le monde extérieur avec ses bruits, ses haines l'épuisent tellement, pompent son énergie qu'elle doit s'isoler pour pouvoir avancer, encore !

CADEAU !

Je vous offre mon silence.

Cela peut paraître bizarre d'offrir du silence…

On offre des fleurs, des chocolats…

Mais le silence !

Mais ce silence vous parle.

Il parle à votre cœur.

Il parle à votre âme.

Il vous permet d'écouter vos voix intérieures.

Et on réfléchit si bien quand tout est silencieux !

Table des matières

De la même auteure chez Bookless Editions :

Le fond de ma pensée *(mai 2024)*

Larmes de poésie *(septembre 2024)*